oideachadh ceart
agus dàin eile

a proper schooling
and other poems

oideachadh ceart
agus dàin eile

a proper schooling
and other poems

aonghas macneacail

Polygon
EDINBURGH

This edition published by Polygon
22 George Square
Edinburgh
EH8 9LF

Set in Sabon by Hewer Text Composition Services, Edinburgh
Printed and bound in Great Britain by
Short Run Press, Exeter

A CIP record is available for this title.

Chuidich Comhairle nan Leabhraichean am foillsichear
le cosgaisean an leabhair seo.

The Publishers acknowledge subsidy from
The Gaelic Books Council
towards the publication of this volume.

Mar thiodhlac:

Do gach bard aithnichte is neo-aithnichte a
sheinn a Ghàidhlig riamh

agus

do Rob, am bial nach eil cho beag anise.

Dedication:

To every bard, known and anonymous, who ever
made the Gaelic language sing

and

for Rob, no longer quite such a little mouth

CONTENTS

CONTENTS

beul beag

a bheòil bhig,
an inns' thu dhomh
nad chànan ùr
mar a lìon
do mhàthair leat –
eil cuimhn' agad

a bheòil bhig,
an seinn thu dhomh
nad chànan ùr
na h-òrain òg
a thòisich tìm

a bheòil bhig,
an dèan thu cruth
do bhiathaidh dhomh

a bheòil bhig,
dé 'n cleas,
an toir thu tuar
do latha dhomh

seas, seas
a bheòil bhig,
cha tuig mi thu,
tha eas do lidean
taomadh orm
mar dhealain geal
a' sàthadh feòil chruaidh
m'fhoighidinn

little mouth

little mouth,
tell me
in your new language
how your mother
filled with you –
remember that?

little mouth,
sing to me
in your new language
the young songs
that started time

little mouth,
make for me
the shape of your feeding

little mouth,
what's the sport,
give me the colour
of your day

hold, hold
little mouth,
too fast for me,
your syllables
flood over me
in torrents of
white lightning,
stabbing the hard flesh
of my patience

a bheòil bhig
a bheòil bhig,
an ith thu mi?

a bheòil bhig,
cha tus' an aon
tha gairm do bhith

a bheòil bhig,
sporain nam fuaim
nad ròs réidh
's tu cala 'n t-suain

a bheòil bhig,
nuair a thilleas tu
à gleann nam balbh
an inns' thu dhaibh
nach cual thu fòs
nad chànan ùr
nach toigh leat cràdh

little mouth
little mouth,
would you
     eat me?

little mouth,
you're not the first
to say *i am*

little mouth,
purse of noises
still as a rose,
now harbour of sleep

little mouth,
when you return from
the dumb glen
tell those
who haven't heard
your new language
that you don't like pain

oideachadh ceart

do john agard is jack mapanje

nuair a bha mi òg
cha b'eachdraidh ach cuimhne

nuair a thàinig am bàillidh, air each
air na mnathan a' tilleadh a-nuas
às na buailtean len eallaichean frainich
's a gheàrr e na ròpan on guailnean
a' sgaoileadh nan eallach gu làr,
a' dìteadh nam mnà, gun tug iad gun chead
an luibhe dhan iarradh e sgrios,
ach gum biodh na mnathan
ga ghearradh 's ga ghiùlain gu dachaigh,
connlach stàile, gu tàmh nam bó
(is gun deachdadh e màl às)

cha b'eachdraidh ach cuimhne
long nan daoine
seòladh a-mach
tro cheathach sgeòil
mu éiginn morair
mu chruaidh-chàs morair
mun cùram dhan tuathan,
mu shaidhbhreas a' feitheamh
ceann thall na slighe,
long nan daoine
seòladh a-mach,
sgioba de chnuimheagan acrach
paisgte na clàir,
cha b'eachdraidh ach fathann

a proper schooling

for john agard and jack mapanje

when i was young
it wasn't history but memory

when the factor, on horseback, came
on the women's descent from
the moorland grazings laden with bracken
he cut the ropes from their shoulders
spreading their loads to the ground,
alleging they took without permit
a weed he'd eliminate
were it not that women cut it and carried it home
for bedding to ease their cows' hard rest;
and there was rent in that weed

it wasn't history but memory
the emigrant ships
sailing out
through a fog of stories
of landlords' anguish
of landlords' distress
their concern for their tenants,
the riches waiting
beyond the voyage,
the emigrant ships
sailing out
a crew of starved maggots
wrapped in their timbers,
it wasn't history but rumour

cha b'eachdraidh ach cuimhne
là na dìle, chaidh loids a' chaiptein
a sguabadh dhan tràigh
nuair a phòs sruthan rà is chonain
gun tochar a ghabhail
ach dàthaidh an sgalag
a dh'fhan "dìleas dha mhaighstir"
agus cuirp nan linn às a' chladh

cha b'eachdraidh ach cuimhne
an latha bhaist ciorstaidh am bàillidh
le mùn à poit a thug i bhon chùlaist
dhan choinneamh am bràighe nan crait
gun bhraon a dhòrtadh

cha b'eachdraidh ach cuimhne
an latha sheas gaisgich a' bhaile
bruach abhainn a' ghlinne
an aghaidh feachd ghruamach an t-siorraidh
a thàinig air mhàrsail, 's a thill gun òrdag a bhogadh,
le sanasan fuadach nan dùirn

cha b'eachdraidh ach gràmar
rob donn
uilleam ros
donnchadh bàn
mac a' mhaighstir

cha b'eachdraidh ach cuimhne
màiri mhor, màiri mhor
a dìtidhean ceòlar
cha b'eachdraidh ach cuimhne
na h-òrain a sheinn i
dha muinntir an cruaidh-chàs
dha muinntir an dùbhlan

14

it wasn't history but memory
the day of the flood, the captain's lodge
was swept to the shore
when the streams of rha and conon married
taking no dowry
but david the servant
who stayed "true to his master"
and the corpses of centuries from the cemetery

it wasn't history but memory
the day kirsty baptised the factor
with piss from a pot she took from the backroom
to the meeting up in the brae of the croft
not spilling a single drop

it wasn't history but memory
the day the township's warriors stood
on the banks of the glen river
confronting the sheriff's surly troops
who marched that far, then returned without dipping a toe,
clutching their wads of eviction orders

it wasn't history but grammar
rob donn
william ross
duncan ban
alexander macdonald

it wasn't history but memory
great mary macpherson
her melodic indictments,
it wasn't history but memory
the anthems she sang
for her people distressed
for her people defiant

agus, nuair a bha mi òg
ged a bha a' chuimhne fhathast
fo thughadh snigheach,
bha sglèat nan dearbhadh
fo fhasgadh sglèat
agus a-muigh
bha gaoth a' glaodhaich
eachdraidh nam chuimhne
eachdraidh nam chuimhne

and when i was young
though memory remained
under a leaking thatch,
the schoolroom slate
had slates for shelter
and outside
a wind was crying
history in my memories
history in my memories

oideachadh ceart/*a proper schooling*: notes

the first five stanzas refer to incidents which occurred in my native north skye community, during a period of social upheaval which lasted from the mid-19th century till about 1922. the incidents are not presented chronologically.

rha and conon are the rivers which converge, but do not meet, in the groin of the valley where my birthplace, uig, is situated.

kirsty, the "baptist", who was active in the early 20th century, lived into the last decade of the century, sprightly to the end, if latterly forgetful.

rob donn mackay, of sutherland, william ross, of skye and gairloch, duncan ban macintyre, of glen orchy, and alexander macdonald, of moidart, were major gaelic poets of the 18th century. magnificent, but heavy going for 12-year-olds, as poetry, or as grammar.

mary macpherson, máiri mhór nan òran (great mary of the songs), was, according to tradition, born in uig, though her name is usually associated with skeabost, also in skye. outstanding among 19th century bards, she is seen as the laureate of the highland land league, which campaigned for land law reform.

no scot, from croft or tenement, needs to be told that the factor is the landlord's agent or rent-collector.

17

gàidheal san eòrp

1

oisean mac fhinn
('ic a' phearsain)
am pòcaid gach saighdear

2

buanaphairt an grèim
air eilean naomh eilidh
mac fhinn 'ic a' phearsain
cur meanbh-bhlàths
an lomnochd a thìm

3

bheartar brònach
a' suathadh
ri chridhe
nan lide bog leighseach
oisean mac fhinn mar chungaidh

4

eadar eachdraidh is uirsgeul
an gàidheal ag imeachd
thar raointean thar shléibhtean
an gàidheal ag imeachd
eadar cliù is caitheamh
an gàidheal ag imeachd
an gàidheal ag imeachd

a gael in europe

1

ossian son of finn
(and macpherson's)
in soldiers' pockets

2

imprisoned buonaparte
on saint helen's island
son of finn and macpherson
putting a hint of warmth
in his naked time

3

sorrowful werther
massaging
his heart
with soft healing syllables ossian
son of finn as balm

4

between fact and fable
the gael travelling
across plains and mountains
the gael travelling between fame
and exhaustion
the gael travelling
the gael travelling

còmhdhail

do shùil ghorm mar chuan
na saoghal ciùin
spréidh luingeis
a tighinn thar fhàirean
giùlain an luchd
de bhriathran dìomhair
nach aithris do bhilean

tro m' phrosbaig
a' sgrùdadh nan léibheann
ar leam gu faic mi
sna birlinnean àrsaidh
gach togradh a chruinnich tìm
snaidhte gu seunadh, miann
na dheò fo an lìomhadh

do shùil gorm mar speur
sàmhach, sorcha
sgàthan domhain dhan sgeul
a dh'innseas do chòmhlan dhith
gam fhàgail a' fuasgladh na deilbh
agus rocaid a' leum a-mach às a' ghuirme
crathadh nam braon dhith

encounter

your blue eye an ocean in its
calm world a herd of ships
converge from horizons
bearing their cargoes of secret
words your lips will not utter

through my telescope scanning the decks i
think i see in those ancient galleys every
wish that time has gathered sculpted into
denial, desire breathing beneath the polish

your blue eye a firmament
silent, bright
deep mirror for whatever tale
your companion tells it
leaves me unravelling the image
while a rocket leaps out of the blue
in a shower of spray

dé danaan

chunna mi do shamhla
        air cnoc nan deur
agus ged a tha thu
        fada bhuam is fann
bha thu seinn nam buaidh
le gàire

dé danaan

i saw your semblance
                on the hill of tears
and though you were
                far from me and frail
you were singing your triumph
with a laugh

dàn bealltainn

1

san àm mus deach tìm
a ghlacadh sa ghainntir
bha 'n aigne na craobh
a' sineadh a geugan
                  a-mach
tro bhealach bó féinne
air slighe chlann uisnich

là buidhe   là guidhe
là buidhe bealltainn

là guidhe   là buidhe
là guidhe gealltainn

là laoidheadh na gréine
sgealb-lasrach à darach nan speur
tein'-éiginn nan gruaidh is nan achadh

là briseadh nam bonnach
bha drùidht an taois-uighe

là còmhdach an t-sìl
ann am foirbhreith is feitheamh

là séideadh a' mhaghair
am beulaibh nan iasg

là togail tein' air
bharraibh chnoc
aig camhanaich

beltane poem

1

in the time before time
was locked in a dungeon
the mind was a tree
that stretched its branches
                              out
through the pass of finn's cattle
on the journey of uisneach's sons

yellow day   praying day
yellow day of beltane

praying day   yellow day
day of prayer for promises

day of hymning the sun
flame-splinter of the oak of space
need-fire of brow and meadow

day to break bannocks
drenched in batter

day to clothe seed
in conjecture and waiting

day to blow bait
into mouths of fish

day to raise fires on
hilltops
at dawn

là basadh nan gnùis
ann an drùchd

là dùbhlan donais
an dannsa cruinn
mu chrannaibh bealltainn

2

treas latha bealltainn
là an t-seachnaidh

do nàimhdean
          mar shionnach mar
          iolair mar
          ghailleann

mar shionnach ag èaladh
tro dhoirean do mheamhair
a' cnàmh nam facal
dubh-ollamh nam breug
an cumadh sionnaich
          an t-ollamh breactheangach
          a' callachadh d'anail
          a' bàthadh do ghuth
cur goileam
          an àite do chànain

mar iolaire sgiathadh
thar rìoghachd a sheilbhe
gad sheunadh le
spuirean nan dlighe
                    a dheilbh e
air fearann, air cuinn do shaothair
          iolaire chrùin
          iolaire chròich
          iolaire mas fhìor

26

day to dip faces
in cupped hands of dew

day to challenge demons
in dance around
the beltane tree

2

third day of beltane
day of avoiding

your enemies
          like fox
          like eagle
          like storm

like a fox creeping
through the copse of your imagination
consuming the words
black tutor of lies
in the form of a fox
       the checker-tongued tutor
       taming your breath
       drowning your voice
setting prattle
                in place of your language

like an eagle winging
above his kingdom
bewitching you with
the taloned rights
                he claims
on the soil and coin of your labour
       eagle crowned
       eagle in saffron
       counterfeit eagle

tha gailleann tha gailleann
an uchd an dadam
an dadam
a' giùlain na dhòrn
an gailleann a cheannsaich an duine
an gailleann
na tharbh a' cadal
an creitheall innleig
's an teadhair a' caitheamh

3

beannachadh bealltainn air
trì creachan uasal nan gàidheal

fo sgàthan dubh na h-oidhche
ballan-beothachaidh nan sruth
a' grùdadh fion a bhith
na struidh-leum shaor
thar taomadh eas
an t-airgead seangmhear sùghar
a' gabhail a mhaghair

air brat-raon an rainich
mar fhaileas ruadh fillt'
eadar faileas a phròis
agus peilear a ghuinidh
    dòrn adhairceach fosgailte
    snaimt' ann an àile
    's a' tuiteam
feòil chabrach nam beann

an iolbheusachd slait tha
bàta snaidhte
    nì anam is ainmhidh ghiùlain
    gu leitirean dìon

there's storm, storm
in atom's embrace
the atom
bears in its fist
the storm quelled by man
the storm
a sleeping bull
in doll's cradle
as tether wears thin

3

beltane blessings on
the three lawful crimes of the gael

under the black mirror of night
reviving balm in the streams
matures the wine of its being
in free prodigal leaps
over teeming cataracts
succulent wanton silver
taking the bait

on the moor's banner of bracken
a red-brown shadow is folded in
between the shadow of its pride
and the wounding pellet
     an open fist of horn
     tangled in air
     and falling
antlered flesh of the bens

in the unstinting wood
boat finely carved
     will ferry soul or beast to
     sheltering slopes

bothan locairt
    a dhiùltas furan
    do gach fuaradh
bogha lùbte
    sàthadh shaighead
    anns gach sgrìob
    gu'n éirich crann

bothy planned smooth
    to never welcome
    gust or gale
bow bent
    and plunging arrows
    in each furrow
    to grow as trees

fitheach is calman

1

robh stiùir an fhir dhuibh
cho gleusda

2

robh biathadh nan dìle
na shàsachadh

3

cha b'e sìol
a dhiathad
riamh

4

robh saorsa
san ablach

5

mìlseachd do chlosaich
ma bha thusa cho gòrach

6

cha b'ann gun eisimeil
fasgadh sabhail

déirceadh tarraingeach
sa chomain

7

thill am fear bàn
gu tràilleachd an t-sìl

raven and dove

1

was the black one's compass
as finely tuned

2

was there food on the flood
to satisfy

3

seed
was never
its diet

4

was there freedom
in the carrion

5

sweetness of your corpse
if you were so stupid

6

it's not without dependence
barn shelter

there's enticing beggary
in obligation

7

the white one returned to the
slavery of seed

luchd gabhail na gréine 1986

cha bhi cnothan às an tuirc sàbhailte an ithe am bliadhna air sgàth
tubaist niuclasach chernobyl – aithris naidheachd

nuair a thill iad o chéineachd
chaidh an fheòrag, mo chàil airson fios,
sìos am measg
      luchd-adhraidh na gréine
len craiceann mar ghlainne òrach
is bainne na feòla deàrrsach troimhe
's ged a thug iad, gach anam dhiubh,
làn dùirn de stòras dhi
cha robh cnònan cnò
na sgeòil ud
nach robh breac le
beirm losgach liath gun ainm,
beirm losgach nam fathann
beirm liath
      na tàmh gun tàmh,
a' cnàmh bainne siùbhlach an cuislean

sunbathers 1986

*hazelnuts from turkey will not be fit for consumption this year due
to the effects of the nuclear accident at chernobyl* – news report

when they returned from abroad
that squirrel, my hunger for news,
went down among
               those who worship the sun
with their skin like golden glass
and the milk of their flesh glowing through
and though they gave her, each one of them,
fistfuls of provender
there wasn't a single nut in their account
unpocked by
the unnamed corrosive yeast,
a corrosive yeast of rumour
a blighting yeast
             in still activity,
consumes the swift milk in their veins

samhla

sàth le d'léirsinn an sgàile, tha mise (sùil d'fhaileis) an seo
an clachan, an coire, an cochall do chridhe
mar phasgadh de shoillse reòit ann an linne céir

tha mi nam chidhis de dhathan, ach ged a bhiodh
eallaichean sùghar nan coille 'g abachadh nam ghruaidhe
am faic thu 'm madadh liath mireadh gu socair eadar na meuran

am faic thu portan is rodan a' dannsa gu tiamhaidh fon chliabh
is nathair air spiris an ugainn, a' deothal do bhriathran gum fiaradh
agus siud, far nach robh dùil, air chùl claiginn, iolaire briathradh

gum bi an teist mar a bha, cho cruaidh, cuairteach ri slige cnò
ach, ged nach brist mi tro bhàrr mo ghréidhidh le sùrd
an tàmh tha mi luaineach, an tosd tha mi fuaimneach

appearance

pierce the veil with your vision, i (your shadow's eye) am present
in kirkton, in corrie, in the husk of your heart
like a folding of light in a pool of wax

i am a mask of colours, but even if
the succulent freight of the forest were ripening in my cheek
do you see the grey wolf quietly sporting between the fingers

do you see crab and rat dance solemnly under the rib-cage
the snake that roosts on the collar-bone, sucking your words to
                                        skew them
while there, unexpectedly, behind the skull, an eagle swears

that the proof will be, as always, hard, enclosing, shell of a nut
but, though i may not burst through the film that embalms me
in stillness i move, my silence gives voice

uiseag uiseag

uiseag uiseag anns na speuran
seachain duslach dubh an dadaim
thig e ort gun fhios gun chumadh
thig e ort gun fhuaim gun bholadh
uiseag uiseag anns na speuran

uiseag uiseag anns na speuran
seachain duslach dubh an dadaim
bheir e dìreadh às do sgiathan
bheir e taosgadh às do chridhe
uiseag uiseag anns na speuran

uiseag uiseag anns na speuran
seachain duslach dubh an dadaim
na àite fhéin chan eil droch ghnè ann
neo-bhuairte réidh chan eil e riaslach
uiseag uiseag anns na speuran

uiseag uiseag anns na speuran
seachain duslach dubh an dadaim
mise leig an urchair nimheil
ó mo nàire ó mo ghuineadh
uiseag uiseag anns na speuran

uiseag uiseag anns na speuran
seachain duslach dubh an dadaim
mo bhràthair rìoghail thug an t-òrdagh
cha b'e dheòn ach sìth a chùmhnadh
uiseag uiseag anns na speuran

skylark skylark

skylark skylark soaring high
beware the dark atomic dust
which comes with neither shape nor warning
which comes with neither sound nor savour
skylark skylark soaring high

skylark skylark soaring high
beware the dark atomic dust
it will suck flight from your wings and
sap the rhythm of your heartbeat
skylark skylark soaring high

skylark skylark soaring high
beware the dark atomic dust
in its place it is no menace
undisturbed it's no destroyer
skylark skylark soaring high

skylark skylark soaring high
beware the dark atomic dust
it was i who pulled the trigger
now my guilt is my own wounding
skylark skylark soaring high

skylark skylark soaring high
beware the dark atomic dust
my royal brother gave the order
lasting peace was all he wanted
skylark skylark soaring high

uiseag uiseag lasrach bhoillsgeach
cha léir dhomh àird no leud do shiubhail
bhon a chnàmh an sgleò mo fhradharc
bheil thu dìreadh bheil thu tuiteam
uiseag uiseag lasrach bhoillsgeach

skylark skylark all aglow
no longer can i see you fly
since the cloud has burnt my vision
are you climbing are you falling
skylark skylark all aglow

air an rathad iarainn gu loch aillse

tha do chòir agad, 's tu cho caol,
am bata mór tiugh sin
de shiùcar ithe,
do shùilean dùinte na do shonas
mar gum b' phàisd' thu,
agus sliseag dhe d'fhalt liath
a' tuiteam na ròpa tana
mu do mhala

on the iron road to lochalsh*

you are entitled, being so thin,
to eat that great thick baton
of sugar,
your eyes closed round your joy
like a child's,
while a slice of your grey hair
falls, frayed rope,
about your brow

*lochalsh: gaelic – **loch aillse**
the second element in the gaelic name, *aillse*, can also mean
'cancer'

"mo shràid anns an fhàsach, san earrach, 1991"

seall mar a tha na ballaichean snaidhte
cho réidh ri fradharc
cho cruaidh ris a' chlach
cho dìon ris a' chlach,
air seasamh an aghaidh
gailleann sìorraidh nan linntean,
dath na gréine nan lìomhadh,
drùidhteachd an ruaidhe bhàin a' freagairt na gréine,
bha sinn sona 'n seo, mo chéile 's mo chlann,
mo sheanairean uile, bha sinn sona 'n seo,
bha réiteachadh eadar sinn fhìn is a ghrian is an gàrradh,
bha ar goireasan againn, na dh'iarradh sinn,
agus coimhearsnachd,
                            is am ballaichean snaidhte
cho réidh ri fradharc
cho cruaidh ris a' chlach, cho dall ri ar léirsinn,
nach do mhiannaich cogadh, nach do bheartaich claidheamh,
ach seall mi nise, mo chéile na tobar ruadh fala nam chuimhne
mo chlann, có 's aithne càite,
's mo nàbachd nan càirn ruadha
is na ballaichean snaidhte seo, choréidh ri fradharc
chodìon ris a' chlach, gun anam,
chocruaidh ris a' chlach, na deòir air an sileadh,
fearg agus fuath dhan a' mhurtair
an gailleann a' sguabadh tro m' chridhe

"my street in the desert, in the spring of 1991"

see how these walls are carved
as smooth as sight
as hard as stone
secure as stone
having stood up to
time's eternal hurricanes,
sun's colours in their sheen,
their ingrained pale reds respond to the sun,
we were happy here, my wife and my children,
all our grandfathers, we were happy here,
we had our pact with the sun and the garden,
and neighbours,
                    whose walls were carved
as smooth as sight
as hard as stone, as blind as our vision,
who sought no war, who brandished no weapons,
but look at me now, my wife remembered as a fountain of blood,
my children, who knows where,
my neighbourhood mounds of red rubble
and these carved walls, smooth as sight
secure as stone, soul-less,
hard as stone, the tears all shed,
fury and hatred for the murderer
the hurricane sweeping my heart

chùm mi seachad

chùm mi seachad air
an taigh far an robh bàs ag àrdan 'm bàs
an taigh far an robh bàs ag àrdan 'm bàs
an taigh far an robh bàs ag àrdan 'm bàs

cha tug mi ainm dha
cha b'aills' e
cha bu chaitheamh

chùm mi seachad

chùm mi seachad air
an t-sràid far an robh bàs a' dannsa
an t-sràid far an robh bàs a' dannsa
an t-sràid far an robh bàs a' dannsa

bha e bocail
bha e sìneadh
bha e smèideadh
fàilte

chùm mi seachad

chùm mi seachad air
a' bhaile far an robh bàs air dhaorach
a' bhaile far an robh bàs air dhaorach
a' bhaile far an robh bàs air dhaorach

cha robh càirdean agam ann
a b'aithne dhomh

chùm mi seachad

i kept on past

i kept on past
the house where death was brazen
the house where death was brazen
the house where death was brazen

i didn't name it
not cancer it
wasn't consumption

i kept going

i kept on past
the street where death was dancing
the street where death was dancing
the street where death was dancing

it was skipping
it was stretching
it was beckoning
welcome

i kept going

i kept on past
the town where death was drunken
the town where death was drunken
the town where death was drunken

i had no friends there
that i knew of

i kept going

bha mi acrach
bha mi aonrach

romham bha an tìr
far an robh bàs na rìgh oirr',
agus an sluagh an-fhoiseil

i was hungry
i was alone

ahead was the land
where death was king,
and the folk rebellious

bha 'n oidhch ud nuair a dh'fhàg an cat

bha 'n oidhch ud nuair a dh'fhàg an cat a' chagailt 's
nach fhacas i son mìos
a' chlann ga caoidh
is bean an taighe
biathadh an t-soithich san t-sabhal gach ciaradh
le bainne blàth bleoghainn
na luchainn a' dannsa sna tarsannain
agus fear an taighe sgrìobadh nan dìg
airson closach
is na h-eòin a' ceilearadh ceilearadh
gàire nan guth
is an cù ris a' ghrìosaich
na aonar, air faondradh
gus an do thill an cat
gun leisgeul gun adhbhar
a thairgsinn gun chruth a dhealbh
air na làithean a dh'fhàg i falamh

there was that night the cat left

there was that night the cat left the hearth and
wasn't seen for a month
the children mourned
and the wife
fed the dish in the barn every dusk
with warm milk from the milking
the mice danced in the rafters
and the husband scraped the ditches
for a corpse
and the birds were chirruping chirruping
laughter in *their* voice
and the dog by the embers
was lonely, wandering
till the cat returned
with no excuse, nor reason
to offer, not giving shape
to the days she left empty

air féith an t-sealgair

feasgar foghair
ann an sgleò-uair ciaraidh
is sinn a' sràidearachd
sa phàirce rìoghail
bha 'n cù (mar bu dual)
am bràighean na féithe
air thòir faileas choinean, priobadh luch
agus far an robh mise
's mo fhradharc
a' sìneadh
eadar teagamh is ròlaist
chunnaic mi
air raon fàs nan targaid
faileas
nan saighdear a bh'ann
gleusadh an sùil airson cath

's cha b'e fuaim nan cuibhle fad' às
a dheilbh a' cheist,
an robh gleusadh dhan chridhe
an aghaidh nan urchair

on hunters bog

late autumn day
in the haze-hour of dusk
as we strolled
in the royal park
the dog (being a dog)
sloped up beyond the marsh
in pursuit of rabbit shadows, glimpses of mice
and where i was
my vision stretched
between doubt and fantasy
i saw
on the abandoned rifle-range
shadows of former soldiers
tuning their eyes for battle

and it wasn't the sound of far-off wheels
that shaped the question,
was there tuning for the heart
against the bullet

marilyn monroe

òr na do ghruaig
òr ann an ìnean do chas
òr ann an ruisg chadalach do shùilean beò
òr na do ghruaidhean, nam fathann athaidh
òr ruadh do bhilean
òr sa ghualainn mhìn àrd a' fasgadh do smig
òr anns a' bhroilleach ghealltanach
paisgte na bhad
òr na do chneas seang, air miadan do chruachan
ann an lùb nan sliasaid is
air glùin nan dìomhaireachd
rinn d'adhbrainn òrach
dannsa caol
do gach sùil a shealladh
airgead-beò na do chuislean
airgead-beò na do chridhe
airgead-beò gu na h-iomaill
dhe d'anam
agus d'osnadh, do ghàire
do ghuth-seinn, do ghuth-labhairt
mar bhraoin de dh'òr

agus do gach fear a chùm
air lios leaghteach nan dealbh thu
òr, o
bhàrr calgach do chlaiginn gu
buinn rùisgte do chas
òr, òr, òr,
beò no marbh

their cuid nach robh thu cho cùbhraidh
's iad a' deothal an t-sùigh
à sporan suilt òrach do bhèin
òr, òr, òr

54

marilyn monroe

gold in your hair
gold in the nails on your feet
gold in the sleepy lids of your living eyes
gold in your cheeks, in their rumour of a blush
red gold of your lips
gold in the raised shoulder that shelters your chin
gold in your breasts, their promise
enfolded in wisps
gold in your slender waist, on the meadows of your hip
in the curve of thigh and
on your knee of mysteries
your golden ankle gave
slim dances
that any eye could see
quicksilver in your veins
quicksilver in your heart
quicksilver to every corner
of your soul
and your sighs, your laugh
your singing, your speech
like a mist of gold

and to every man who kept you
on the screen's dissolving field
gold, from the maned top of your skull
to the bare soles of your feet
gold, gold, gold,
alive or dead

some say you weren't so fragrant
as they suck the substance
from the fertile purse of your skin
gold, gold, gold

'icdhiarmaid

a shìl nan gréidhear
a shìl an fhearainn,
sgaoil thu brat torrach
do bhriathran a-mach
gu ruigheachd gach
iomall dhen tìr, dhe'n tìr,
dhen tìr bheag shuarach seo
tha suathadh ris na reultan,
dhen tìr far an robh na faclan
cleite eadar chreagan dìochuimhn'
mar gum b'ann
cleite eadar bannan gainntir
mar gun b'ann
toirmisgte le sgalagan dhé coimheach,
dhen tìr bheag theagmhach thagrach seo,
tìr nan còrsa sgàinte
tìr nam fireach ciùrrte
nan seanchaidh balbh nan dealbhadair dall
nan cleasaiche crùbach,
dhen tìr a bha feitheamh
na h-iodhlainn sheasgair fhéin
gus an tigeadh tu le
do ghairm, do thaghairm
cheòlar sporach

bu tu 'n dris is an ròs
ann am preas nan ealain,
rachadh tu air thòir
éideagan òir
gu nid nan nathair
lasair-theangach,
dh'fhàg thu na do lorg

macdiarmid

seed of the grieve
seed of the land,
you spread the fertile banner
of your words out
to reach every
border of the land,
of this abject little land
that touches the stars,
of the land where words were
hidden between the rocks of memory
as if
hidden between prison bars
as if
proscribed by the lackeys of strange gods,
of this small doubting fractious land,
land of scarred coasts
land of wounded ridges
of dumb narrators of blind painters
of lame players,
of the land that was waiting
in its own sheltered kailyard
for you to come with
your cockcrow, your summons
your taloned song

you were the thorn and the rose
in the shrubbery of art,
you'd search for
nuggets of gold
in the nests of
flame-tongued snakes,
you left in your wake

nathraichean gorma dàin
agus am measg sguaban d'fhoghair
cluaran àrd do chinn
a' sméideadh ris
a' bheatha,
agus seall an tìr ud
an tìr bheag bhuairte ud,
a' suathadh ris na reultan

great savannas of poems
and among the sheaves of your harvest
the great thistle of your head
beckoning to
life,
and look at that land
that restless little land,
touching the stars

tìm

aois   aig an uinneag
a' dìdearachd

time

age   at the window
peeping

fòrladh dhachaigh

bha uair a bha cianalas gam bhàthadh
nuair dh'inntriginn buailtean m'eòlais
's gu faicinn preas eile dhìth
sa mheasghart cheòlar

a-nise tha fearg a' snaidheadh mo bhriathran
gach rann na fhaillean san talamh chrìon

biodh e seang
biodh e anfhann
biodh e crom
biodh e pàiteach
's e m'fhearg
                tha biathadh a dhuillich
                tha sìneadh a ghasan

home vacation

there was a time nostalgia
drowned me
when i entered familiar pastures
when i saw another bush missing
from the orchard of sweet sounds

now rage carves my words
each verse a sapling in the barren earth

though it be slender
though it be weak
though it bend
though it need water
my anger
            will nourish its leaves
            will stretch its branches

alba

chunnaic mi long mhor sheòlach
sìos eadar do chìochan
a luchd de thràillean
a gal

is tusa caoidh
do chloinn

chuireadh anail
air tìr i

scotland

i saw a great ship of sails
down between your breasts
its cargo of slaves weeping

and you mourning
your children

a breath would
beach it

do choin

's mise do chù seilge
's ged a bhithinn geal
sa mhonadh ghorm
's e mo luaths mo lùths
cha sheachain do chreach
mo shàthadh grad

is mise do chù tòire
rag
do-cheannsachail
nach géill nach
fan
gus an glas mi nam ghiaill
do thoil

is mise do chù trusaidh
a' tional
spréidh ròmach do smuaintean
à buailtean sultrann
          nan srath réidh nan
          coire clùth
far an robh iad
          ro shuaimhneach

is mise do chù faire
do ghealach am bian dealta
do dharach air cnoc
cha ghluais d'euchdan gun aithne
's mi 'n seo

your dogs

i am your hunting dog
though i be pure white
on the green moor
my speed is my strength
your quarry can not escape
my sudden lunge

i am your tracking dog
unbridled
obstinate
who will not yield nor
stay
till i clutch in my jaws
your wish

i am your herding dog
gathering
the shaggy flocks of your thoughts
from word-rich folds
      in broad straths
      in cosy corries
where they were
        too contented

i am your watchdog
your moon in a fur of dew
your oak on a ridge
your deeds won't move unnoticed
while i'm here

's mise do chù sàile
suathadh mo dhìlse
ri alt lom d'adhbrainn

is mise cù sìthe
criomadh cridh d'aigne
nuair a tha do shìochaint drùidht
ann an sùgh glan a' chùmhnaidh
's ged a chaidleadh tu
's ged a bhiodh tu còmhla rium an seo
air cluaintean geal mo ghò
is mise cù dorcha
do bhruadair

is mise cù dorcha do bhruadair
slìob mi gu h-aotrom
gu ceanalta suath
bràighe mo ghuailne
le d'chreideas
is mis an cù dorcha
tha falach mo dheud

i am your dog at heel
rubbing my fidelity
against the bare knuckle of your ankle

i am a fairy dog
gnawing the heart of your mind
when your tranquillity is drenched
in the clean sap of preservation
and though you should sleep
and though you should be here with me
on the white meadows of my guile
i am the dark dog
of your dreaming

i am the dark dog of your dreaming
stroke
me lightly
gently chafe
the brae of my shoulder
with your belief
i am the dark dog
concealing my teeth

smuaint à broadway

manhattan
ainm nan àirde glainne
dùin chuinn de dh'airgead-beò
a' lainnireadh

manhattan
ainm nan àirde stàilinn
a' lùbadh, gu dùbhlan
nan oiteag, nan gailleann

manhattan
ainm nan àirde cloiche
crò-tionail nan dream
gu beairteas, gu bochdainn

manhattan
ainm nan àirde anail,
tùs-shluagh na tìr,
bith bhalbh air faire

manhattan, manhattan
geum-gaoithe nan anam
san eachdraidh nach caidil

thoughts from broadway

manhattan
name for the heights of glass
stacked coins of quicksilver
glittering

manhattan
name for the heights of steel
that bend to defy
all breezes, hurricanes

manhattan
name for the heights of stone,
herding-pen of people
to riches, to rags

manhattan
name for the heights of breath,
the natives of this land,
a living silence, watching

manhattan, manhattan
a roaring wind of souls,
a history unsleeping

an tùr caillte

snàmh anns an eabar ghleadhrach
eadar freumhaichean
mo dhà chànan
an té tha dearg
a' ruith na dealan brisg tro m'fhéithean
's an téile
            coimheach, coingeis, eòlach
mum sheice mar eideadh ciomaich 's mi
sìneadh meuran mo thuigse, mo léirsinn
a-mach thar nan sgrìob-thonn
gus bàighean an t-saoghail a ruigheachd
gus tràighean an t-saoghail a ruigheachd
thar shligeach briste nan lid
gus cànain an t-saoghail a ruigheachd

ged nach biodh tu ach
                        thar chaolais
tha faobhar
            eadar ar briathran

seinneamaid laoidh don
chainnt a sheas binn
seinneamaid maoladh
dhan sgàinear

the lost tower

swimming in the clangorous mud
between the roots of my two languages
the one that is red
sprinting swift lightnings through my veins
and the other
                    alien, indifferent, familiar
wrapped round my skin like prison clothes, as i
stretch out the fingers of my reason, my vision
across wavefurrows
to reach all the bays of the world
to reach all the shores of the world
across broken shellmounds of syllables
to reach the languages of the world

though you should be but
                              across a kyle
a sharp blade lies
                    between our words

let us hymn the
tongue that stood sweet
let us sing blunting
to the sunderer

notes
tùr (title): may be translated as *tower* or *reason* or *sanity*.
bàighean (line 10): *bàigh/bàidh* means both *bay* and *kindness, affection* or
friendship.
sheas binn: literally *remained*, but could also be interpreted as *bore a
judgement* or *sentence*.

73

sanas-reice

gach uile nì còmhla
ann an sàr-mhargaidh nan sian,
gach àgh is àmhghar

advertisement

everything under one roof
in the elemental supermarket,
every joy and anguish

dàn callainn

ged a bhiodh
      an t-àile rùsgadh a fiaclan
      le sgairt

ged a bhiodh
      treudan trom-mhuingeach geal
      a' sguabadh stùc

      coinean 's cat-cabhsair
      a' còmhdach am bian
      ann an crith

      sionnach sléibhe
      sireadh ablaich
      an iomall cladaich

      iolair speur-rìgh
      fiadh nan luath-leum
      paisgt an gailleann

      *   *   *

ged nach biodh ach
      priobadh fann coinnle
      smèideadh thar chéine
      tàladh gu fasgadh
      taisbeanadh fleadha
      ceann thall trialla

poem for new year

although
> the air bare teeth
> and shriek

although
> white full-maned herds
> sweep peaks

> rabbit and alleycat
> wear shivering as
> a second coat

> moorland fox
> seek carrion
> on shore's edge

> sky-king eagle
> deer of swift leaps
> sink in storm-blast

> *   *   *

although only
> faint flicker of candle
> beckon through distance
> enticing to shelter
> revealing feast
> at journey's end

chnàimhnich bhàin
chan fhaigh
      do shuirghe shanntach
buaidh
an ràithe seo

pale skeleton
          your ruttish courtship
will not gain
this season's victory

anochd is tu bhuam

ged a bhiodh cuairt nan reul
eadar mi is tu
cha chrìon an snàth-sìoda
a chuibhrich thu rium
a cheangail mi riut,
agus a-nochd is tu bhuam
tha mi san dubhar
cur bhriathran thugad
luchd mo chridhe
faclan trom dorcha gun chruth,
foghair is connrag
a' sìolachadh gu ciall,
mar a tha duilleach nan craobh
a' cromadh nan geug,
anns an doilleir
san oiteag
a' mireadh an guirme
priobadh na camhanaich

tonight you being from me

although the journey of the stars
were between you and me
the thread of silk will not decay
that bound you to me
that tied me to you,
and tonight you being from me
i am in darkness
sending words to you
my heart's cargo
heavy dark words without shape,
vowel and consonant
multiplying to sense,
as the foliage of trees
bends their branches,
in darkness
in the breeze
leaves sporting their green
first flicker of dawn

sireadair shamhla

thogadh tu meas à bàrr craoibhe
's ged a b'e meas coimheach
a leig eun às
a bha siubhal à dùthaich eile
ghabhadh tu ris
gum b'e siud am meas
gum b'e siud a' chraobh

seeker for signs

you'd pick a fruit from a tree-top
and though it were a foreign fruit
dropped by a bird
travelling from another country
you would accept
that that was the fruit
that that was the tree

na fògarraich

air chùl a' bhalla-bùird tha seo
cluinneamaid
clach air a maistreadh
clach air a brùthadh gu teann
clach air a suidhe thar chlach
clach air a slobadh gu àirde
clachaireachd a fàs gu taigh
no talla
stalla thar stalla thar stalla
ùrlar thar ùrlar
àirde
thar àirde
bheil lùchairt anns a' chlachaireachd
bheil anail anns a' chlachaireachd
eil àit ann dhut
eil àit ann dhomh
is sinn air taobh a-muigh
a' bhalla-bùird tha seo
gun aran gun uidhe
brùthte gu teann
fo shluagh na sràide
air chùl a' bhalla-bùird tha seo
am bi taigh-tasgaidh ann
le cuimhne fhuar air
mar a bha sinn
air neo am bi taigh-cunntais ann
an gléidht an roinn chruinn leòir
nach d'fhuair sinn
air chùl a' bhalla-bùird tha seo
am bi aitreabh dòchais ann

the dispossessed

behind this hoarding wall
we may hear
stone being churned
stone compressed to block
stone seated on stone
stone smoothed to height
stonemasonry shaping a house
or hall
cliff wall upon wall upon wall
floor upon floor
height upon height
is there a palace in the masonry
is there breath in the masonry
is there a place for you
is there a place for me
we who are outside
this hoarding wall
without bread or objective
pressed in the crush
of the crowded street
behind this hoarding wall
will a museum stand
with cold recall of how we were
or will there be a counting-house
keeping the round share of sufficiency
we never got
behind this hoarding wall
an institute of hope, perhaps

an coma leinn
an coma leinn
air chùl a' bhalla-bùird tha seo
bheil rian no riaghailt
am measg nan clach

do we care
do we care
behind this hoarding wall
are rule or reason
among the stones

sear–siar: seunaidhean

nì dha nach do mhothaich thu
    camhanaich nan ceum
    ceathach sìoda na falt

nì dha nach do mhothaich thu
    glainne
    far nach eil uinneag

nì dha nach do mhothaich thu
    saoghal saidhbhir
    crios crò-dhearg mu mhaodal

nì dha nach do mhothaich thu
    sneachda sa choire ìseal
    taobh thall na beinne

nì dha nach do mhothaich thu
    leabhar falamh

nì dha nach do mhothaich thu
    a' chlach ghorm ud
    cùl a' bhruadair
    am b'e gorm an fheòir
    no gorm nan speur

nì dha nach do mhothaich thu
    druid

nì dha nach do mhothaich thu
    is druid

east–west: telepathies

a thing you did not observe
     the dawn of steps
     mist of silk in her hair

a thing you did not observe
     glass
     where there is no window

a thing you did not observe
     an opulent world
     crimson belt around its gut

a thing you did not observe
     snow in the low corrie
     the other side of the ben

a thing you did not observe
     an empty book

a thing you did not observe
     that bluegreen stone
     behind the dream
     is it the blue of grass
     or the green of sky

a thing you did not observe
     starling

a thing you did not observe
     and starling

nì dha nach do mhothaich thu
is druid is druid is druid is druid is
druid

nì dha nach do mhothaich thu
cho faisg
's a tha na reultan

nì dha nach do mhothaich thu
mar a theannaich a chailc / tìm
eadar na h-uilt

nì dha nach do mhothaich thu
doille nam beann

nì dha nach do mhothaich thu
briathran fàisneachail a' taomadh
a-mach à
bilean cho dearg ris an teine
ann an ceathach de shùith

nì dha nach do mhothaich thu
sgealb tha dhìth a clach nam buadh

nì dha nach do mhothaich thu
plàigh laogh

nì dha nach do mhothaich thu
mar a lìonas neòil
le dùirn

nì dha nach do mhothaich thu
gaineamh fàsaich
a' sileadh fala
gaoir

a thing you did not observe
    and starling and starling
    and starling and starling and starling

a thing you did not observe
    how near
    the stars are

a thing you did not observe
    how chalk tightened / time
    between the joints

a thing you did not observe
    blindness of mountains

a thing you did not observe
    prophetic words pouring
    out of
    lips as red as fire
    in a fog of soot

a thing you did not observe
    splinter missing from the philosopher's stone

a thing you did not observe
    a plague of calves

a thing you did not observe
    how clouds fill
    with fists

a thing you did not observe
    desert sand
    oozing blood
    screech

nan dà shìlean cloiche
suathadh ri chéile

nì dha nach do mhothaich thu
pòr amh
a' toirt
teud à binneas
beum à faobhar
leum à ruithim

riomball
cuibhle
roth dhubh
cearcall glan an spreadhaidh

nì dha nach do mhothaich thu
fion-geur an cuislean craoibhe

nì dha nach do mhothaich thu
cho fada mach
's a tha na reultan

of two stonegrains
milling each other

a thing you did not observe
raw seed
taking
string from melody
gash from knife-edge
leap from rhythm

ring or
wheel
black hoop
clean circle of explosion

a thing you did not observe
vinegar in tree's veins

a thing you did not observe
how remote
the stars are

salm an fhearainn

à suaineadh ceathaich chruadhaich clach
aon leanaban nan reul
aon chruinne measg nan iomadh cé
le eabar beò son rùsg

is ghluais am beò air muir air tìr
iasg nathair agus eun
lìon gorm nan lus nam feur nan craobh
gach raon bho stùc gu tràigh

chaidh sluaighean thar nan tìr nan cuan
air thòir an talamh tàimh
bha cuid a shir bha cuid a fhuair
dh'fhàg cuid am fuil san ùir

fhuair sinn an oisean talmhainn seo
gas feòir am measg nan clach
air àird nach gealladh saidhbhreas ach
gun lócust ann no sgairp

ged dhèanadh bàird cìr-mheala dheth
bha raon ar treabhaidh fann
ach bhiath cléibh feamainn 's fallas e
gum b'aithne dhuinn ar leòr

an t-iomadh druim a lùb an seo
's an t-iomadh cridhe ghéill
na sinnsirean a sheas an stoirm
mar thaibhsean nach gabh tàmh

psalm of the land

from swirling mists stone hardened fast
one infant of the stars
one planet among many worlds
a living mud its crust

the living moved on sea on land
all reptiles fish and birds
the green of herb of grass of tree
filled all from peak to shore

then people crossed the lands the seas
to seek their place of rest
and some marched on and some found home
the blood of some drenched earth

we found this corner for ourselves
grass-blade among the stones
a headland offering no growth
locust or scorpion

though poets should call it honeycomb
the earth we tilled was thin
fed creels of seaweed and of sweat
it gave sufficiency

the many backs which laboured here
the hearts which then gave in
the ancestors who stood the storm
are ghosts who do not rest

toirt maorach fhathast às an tràigh
toirt chnothan às a' chraoibh
air làithean saidhbhir sitheann 's breac
à monadh fraoich is allt

is ged a bhiodh an gort nan dàn
tha deanntag 's biolar ann
tha dearc an deò air dris nan spor
a chumas fuil ri féith

's e m'foghnadh làithean pailteis dhuinn
a sheas nar cuimhne slàn
mar stùcan àrd nach dìrich sinn
gar fasgadh on droch sgeul

b'e siud an leitir liosach ghorm
thug gàirdeachas dham rùn
gun shìn mo shòlas measg nam preas
an taise mhaoth do ghleann

ach thàinig tighearna nar ceann
lùb aingealan da dheòin
thraogh cagailtean an teas da chliù
chaidh ceanglaichean nan smàl

is saighdearan nan còta dearg
mar chunnacas tro sgleò
air mhàrsail tro na liosan càil
gu sàthadh brìgh nan duan

thréig cainnt nan achadh shuilbhir shèimh
an tuath dham brìodal i
chaidh uaill nan tràill mar aillse dhubh
a chriomadh fàs ar gnè

they gather shellfish from the shore
and nuts yet from the tree
on rich days venison and trout
from heathland and from stream

though famine were their destiny
they still have nettles cress
life's berry on the thorn of spurs
keeps sinews fed with blood

our days of plenty were enough
to stand remembered whole
like high peaks we will never climb
protection from bad news

that was the slope of meadows green
gave gladness to my love
my solace in the undergrowth
found moist and soft your glen

but then a lord came at our head
flames stooped to his command
hearths drained their heat to honour him
while rafters turned to ash

then soldiers came in scarlet coats
as if seen through a haze
to march across the fields of kale
and bleed the sap of songs

the soft words of the fields withdrew
from those they had caressed
a cancerous slave-pride began
to stunt our being's growth

dhan chaora mhaol bha seilbh nan gleann
air làithean àrd nan grian
b'e leasachadh a sgiùrs an treubh
gu cladaichean 's thar chuan

na buachaillean a bh' ann o thùs
saltairt fo mhaodail chlòimht
is chaith a' mheirg mar ghalair goirt
gach caibe agus crann

tha ceannairc ann an uchd na dìth
dh'fhàs braise mar a' chraobh
thaom dùbhlan air gach uachdaran
mar bheithir-dìle nuas

is ghabh na daoin' an criomadh còir'
à machair agus sliabh
gad tha an t-seilbhe fhathast dùint
an giaill dheala céin

nam shealgair dàn' an òige saoghail
bha leòr mo là an cleas
bu mhilis pòg an fhuinn dham ghnùis
bha guth nan oiteag còir

tha raon mo ghaoil fo choilltean dlùth
meirg-uilebheist san tràigh
bidh chruinne loisgte rùisgte brisg
mur toir a poball dìon

cha sinne mhàin tha còmhnaidh 'n seo
tha roinn fhéin aig gach bith
an dobhran rùrach taobh an uillt
an fheannag glanadh cairbh

the white-faced sheep took over glens
in high days of the suns
and that improvement scourged the tribe
to shores and over seas

the cowherds who'd been always there
ground under by fat wool
and rust's disease laid waste
each spade and every plough

there's outrage in the gut of need
and boldness grew like trees
defiance on the landlord poured
like thundersnakes of flood

the people took their crumbs of rights
from lowland and from moor
though ownership remains enclosed
in remote leeches' jaws

i boldly hunted my young world
where each day's prize was play
and sweet was earth's kiss to my face
the breezes' voice was kind

the land i love is densely treed
rust-monsters scar the shore
the world will burn be brittle bare
if mankind won't conserve

not we alone inhabit this
each creature has its share
the otter hunts beside its stream
the carrion-crow cleans bones

cha b'ann san t-soitheach air an t-sràid
a shoirbhich ròs mo rùin
cha b'ann am prìosan teann nan gul
a dhearbh am bradan luaths

tha 'n ainm ro dhìomhair dhan an treubh
san duilleag is sa chlach
's i 'n àile fhéin tha tàirneanadh
a neart do bhiast is lus

tri ràithean dhut is ràith an tàimh
ràith cur is fàs is buain
bi cùramach mun talamh chrìon
tha aighear anns an fhàs

not in the vessel on the street
did the rose of my love thrive
not in the prison of dense tears
the salmon proves its speed

the name too secret for the tribe
inhabits leaf and stone
the air itself in thunder gives
its strength to beast and herb

three active seasons one of rest
you sow you grow and reap
be careful of the fragile earth
for there is joy in growth

ACKNOWLEDGEMENTS

Magazines and newspapers:
The Scotsman
New Writing, Scotland
Chapman
Gairfish
Clanjamfrie
Northwords
Orbis
Verse

Poetry Australia
Poetry Ireland Review
Innti (Ireland)
Comhar (Ireland)
2plus2 (Switzerland)
Diverse linguE (Italy)
Nuori Voima (Finland)
Ashville Review (USA)

Anthologies:
An Aghaidh na Siorruidheachd/In the Face of Eternity
The Best of Scottish Poetry
Natural Light
Scotland o Gael and Lawlander
Life Doesn't Frighten me at all
Island of the Children
Poezie & Beeld/Poetry and Image (Belgium)
Poeti Della Scozia Contemporanea (Italy)
Sucelice vjecnosti (Croatia)
Jerusalem International Poets Festival Anthology (Israel)